Alan Cohen

Lebe glücklich wie dein Hund

von Rosi

Alan Cohen
im Lüchow Verlag

Es gibt hier keinen Drachen mehr
ISBN 3-925898-40-9

Wiedergefunden!
ISBN 3-925898-68-9

Alan Cohen

Lebe glücklich wie dein Hund

Was wir von unseren geliebten Vierbeinern lernen können

Illustrationen von Alan Gordon

Aus dem Amerikanischen
von Wolfgang Höhn

Lüchow

Amerikanische Originalausgabe
Are you as happy as your dog?
by Alan Cohen Publications

Die Deutsche Bibliothek – CIP Cataloguing-in-Publication-Data
A catalogue record for this publication is available from
Die Deutsche Bibliothek

2. Auflage Dezember 2002

Der Lüchow Verlag ist ein Unternehmen der
Verlagsgruppe Dornier

Umschlag und Innengestaltung: Designagentur Peter Krafft
Lektorat: Henning Sabo
Druck und Bindung: Freiburger Graphische Betriebe
Printed in Germany
ISBN 3-363-03024-X

INHALT

Seite 31 **Schüttle die Pfoten, die dir Freude bringen**

Such dir deine Freunde aus

Verteidige deine Grenzen

Lerne den anderen kennen,
bevor du dich bindest

Lass die Liebe zu

Verschenke dein Herz

Küsse überschwänglich

Sei da für andere

Seite 47 **Grabe dort, wo die wahren Knochen vergraben sind**

Sei ganz du selbst

Bleibe einfach

Nimm's nicht persönlich

Geh darüber weg

Wenn nicht oben darüber,
dann eben darunter hindurch

Lass dich nicht mit Brei abspeisen

Vertraue der Kraft

Die besten Kekse gibt's innen

Seite 65

Beginne mit einem neuen Halsband

Denke groß
Glaube an dich selbst
Verwirkliche dein Potenzial
Singe den Mond an
Träume, aber rege dich dabei
Wage dich auf Neuland
Mit allem, was notwendig ist
Gib nicht auf
Halte durch bis zuletzt
Komm nach Hause

Hast du dich jemals gefragt, ob dein Hund vielleicht nicht mehr über Lebensfreude weiß als du?

Ein Bekannter sagte einmal zu mir: „Jahrelang ging es mir so schlecht, dass ich Gott bat, er möge mich so glücklich aufwachen lassen wie meinen Hund."

Ich ging nach Hause und dachte darüber nach. „Bin ich so glücklich wie mein Hund? Hmmm ..."

Ich begann meinen Hund **Munchie*** zu beobachten und stellte fest, dass er allzeit glücklich ist. Munchie ist die fröhlichste Kreatur auf Gottes Erdboden. Er lebt in einem Zustand ständiger Wonne und Entdeckerfreude.

Da wurde mir klar, dass Munchie etwas wusste, das ich nicht wusste oder woran ich mich jedenfalls nicht erinnern konnte. Also beschloss ich, Munchies Verhalten zu studieren, um herauszufinden, was mir fehlte.

In diesem Buch möchte ich zeigen, was ich von meinem vierbeinigen Freund über das Glücklichsein gelernt habe.

Munchie*
Aussprache **„mantschi"** – Dieser Name ist abgeleitet von dem englischen Verb **to munch** = „geräuschvoll kauen, schmatzen, mampfen". **Munchie** bedeutet demnach **Mampfie** oder **Schmatzie**. Mit vollem Namen heißt der kleine Kerl eigentlich **Munchkin**, also so etwas wie **Mampferich** oder **Schmatzerich**. Manchmal bezeichnet der Autor seinen Liebling auch als **Munchster**, also mit einem Namen, der aus **munch** und **monster** gebildet ist.

Belle mit
Rückenwind

Sobald Munchie hört, dass mein Auto in die Garage fährt, lässt er alles stehen und liegen, was er gerade macht, und saust mir entgegen, um mich zu begrüßen. Dazu bellt und heult er und wedelt so heftig mit dem Schwanz, dass er dabei mit seinem wuscheligen Hinterteil den Garagenboden fegt; außerdem pinkelt er – und all das gleichzeitig.

(Von Munchie habe ich gelernt, was der Ausdruck bedeutet: „Ich konnte kaum an mich halten!")

Munchie begrüßt mich immer mit ganzem Herzen, ganz gleich, wie lange ich weg gewesen bin. Wenn ich nach langer Abwesenheit nach Hause zurückkomme, sitzt er nicht mit gekreuzten Armen auf seinen Hinterbacken, um mir in sachlichem Ton zu verkünden: „Ich denke, es wäre an der Zeit, miteinander darüber zu reden, wie ernst es uns mit unserer Beziehung ist."

Er ist einfach glücklich, mich zu sehen, und er lässt mich das auch spüren.

Liebe es zu lieben

Was immer er tut, Munchie ist dabei voll und ganz präsent. An Vergangenheit oder Zukunft verschwendet er keinen Gedanken.

Ihr werdet Munchie nicht in der nächsten Bar finden, um dort bei einem Glas Bier einer verlorenen Liebe nachzutrauern.

Er kennt keine verlorene Liebe. Er liebt das, was direkt vor ihm liegt.

Sei ganz im Hier und Jetzt

Munchie kommt regelmäßig an meine Tür und bittet mich, ihn hereinzulassen und mit ihm zu spielen.

Je nachdem, was ich gerade mache und wie schmutzig seine Pfoten sind, lasse ich ihn manchmal herein.

In dem Augenblick, wo ich die Tür aufmache, **stürzt** er schon herein. Er lässt mir keinen Moment Zeit, meine Entscheidung zu ändern.

Er weiß, was er will, bittet darum und ergreift seine Chance genau in dem Augenblick, in dem sie sich bietet. Munchie ist ein Meister des **carpe diem**.

Carpe diem – Nütze den Tag

Ich muss nie darüber spekulieren, was Munchie gerade denkt.

Wenn er glücklich ist, wedelt er mit dem Schwanz. Wenn es ihm nicht gut geht, winselt er.

Wenn er spielen will, springt er mir auf den Schoß. Wenn er keine Lust zum Spielen hat, läuft er weg.

Munchie hat mich nie angelogen, und ich habe volles Vertrauen zu ihm.

Sei ehrlich

Wenn wir an den Strand gehen, dann sind kleine Kinder und Munchie die einzigen, die ohne Badehose herumlaufen. Er schämt sich nicht, sich vor allen Leuten nackt zu zeigen.

Selbst bei gesellschaftlichen Veranstaltungen legt er sich einfach zum Schlafen auf den Rücken und zeigt allen seinen Bauch und seine Geschlechtsteile.

Wenn Munchie einen „Hundewind" fahren lässt, schiebt er das nicht auf „unsichtbare Wesen" oder auf irgendwelche „Hosengeister".

Wenn er eine süße französische Pudelfrau sieht, wird er sichtlich erregt. Für ihn ist sein Körper etwas ganz Natürliches. Munchie akzeptiert alles so, wie es ist.

Hör auf, dich zu verstecken

Wenn es nachts kalt ist, springt Munchie zu mir ins Bett und kriecht unter meine Bettdecke.

Wenn er sieht, dass ich spazieren gehen will, folgt er mir.

Wenn er einen attraktiven Baum erspäht, zerrt er heftig an der Leine.

Wenn ich die Autotür öffne, versucht er sogleich, hineinzuspringen.

Munchie weiß, dass Wünsche und Begierden in Ordnung sind. Wenn er etwas will, dann zeigt er mir das klar und deutlich. Manchmal kriegt er, was er will, und manchmal kriegt er es eben nicht. Aber er hat zumindest darum gebeten.

Sag, was du willst

Wenn ihr etwas über die Kraft der „einspitzigen" Konzentration lernen wollt, dann solltet ihr einmal sehen, wie Munchie seine Augen auf den Tennisball fixiert, den ich werfen will.

Ich schwöre, er lässt ihn nicht für einen einzigen Moment aus den Augen. Ich kann den Ball in die andere Hand nehmen, hinter meinem Rücken verbergen oder ihn in meine Tasche stecken – keine Bewegung entgeht ihm.

Wenn ich meine Ziele mit derselben Intensität verfolgen würde wie Munchie den Ball mit seinen Augen, dann könnte ich alles erreichen, was ich mir nur wünschte.

Lass den Ball
nicht aus den Augen

Halte die
Nase kalt

Wenn Munchie müde ist, schläft er; wenn er ausgeschlafen hat, steht er auf.

Er isst, wenn er hungrig ist, und er lässt seinen Napf stehen, wenn sein Bauch voll ist.

Wenn jemand ihn streichelt, bleibt er da, wo er gerade ist, und gibt ein wohliges Grunzen von sich. Wenn er Schmerzen hat, bleibt er ganz ruhig liegen und macht nichts.

Wenn er einen sonnigen Platz auf dem Gras findet, legt er sich hin und macht ein Nickerchen. Wenn das Wetter schlecht ist, bleibt er zu Hause.

Er bewegt sich viel, und er fühlt sich gut.

Hör auf deinen Körper

Einmal fuhr ein Auto, dem Munchie gerade hinterherjagte, über Munchies Schwanz. Damit der Schwanz wieder heilen konnte, legte er sich auf seine Matte und ruhte. Immer wenn ich an seiner Ecke vorbeikam, sah ich das Munchster reglos da liegen, mit der Schnauze auf den Vorderpfoten; so gab er der Natur Gelegenheit, das Ihre zu tun.

Nach ein paar Tagen war er wieder der Alte – bellend, auf den Garagenboden pinkelnd und das Haus auf der Suche nach einem Stück Hundekuchen durchkämmend.

Ich dachte darüber nach, was einige von uns Menschen tun würden, wenn wir verletzt wären. Vielleicht würden wir einfach damit fortfahren, Autos zu jagen, härter zu arbeiten, über die anderen zu klagen oder die Zeit mit Jammern zu vergeuden. Munchie folgte einfach seiner natürlichen Weisheit und ließ all das bleiben. Er war klug genug, zu ruhen, als es nötig war, und er liebte sich selbst genug, um es auch tatsächlich zu tun.

Sei nett zu dir selbst

Munchie hat noch nie etwas von puritanischer Arbeitsmoral gehört. Seine Lebensphilosophie ist näher an der „puren Sonnenbad-Spielmoral“.

Er sticht keine Kontrolluhr, er wird nicht nervös, wenn die Hypothekenzinsen steigen, und er schreit auch nicht den Fernseher an, wenn Rush Limbaugh* auf dem Bildschirm erscheint.

Er vertraut darauf, dass das Leben für ihn sorgt, und er rackert sich nicht ab.

Munchie weiß, dass seine Aufgabe darin besteht, das Abenteuer Leben zu genießen.

* bekannter konservativer Moderator einer politischen Fernseh- und Radioshow in den USA

Entspanne dich

Wenn ich nicht zu Hause bin, findet Munchie eine Unmenge Gelegenheiten, um sich zu amüsieren. Er jagt Katzen und beschnuppert tote Frösche, schläft oder besucht seine Nachbarn.

In Munchies Augen ist die Welt ein großer Spielplatz. Immer ist da jemand oder etwas, um sein Leben aufregend zu machen.

Munchie braucht keinen Vorwand, um seinen Spaß zu haben. Für ihn ist alles Einladung zum Spiel.

Er teilt das Leben nicht ein in „Arbeit" und „Spiel". Überall, wo er ist, findet er seine Freude.

Amüsiere dich

Manchmal könnte ich schwören, dass Munchie lacht. Dabei ziehen sich seine kleinen Hundelippen nach hinten und er hechelt, als ob er etwas wüsste, von dem ich keine Ahnung habe.

Was mich wirklich ärgert, ist, dass er gerade auch dann zu lachen scheint, wenn ich mich zu wichtig genommen habe.

Vielleicht will er mir ja damit etwas sagen.

Lache über dich selbst

Wenn wir auf unseren Spaziergängen die Straße verlassen, lasse ich Munchie von der Leine. Sobald er sich frei fühlt, saust er fort ins Gebüsch, wo er nach Herzenslust herumschnuppert und sein Bein öfter hebt als eine Ballerina. Er liebt es, frei zu sein.

Gewiss haben wir alle unsere Pflichten, und es ist sicher auch wichtig, ihnen nachzukommen.

Aber es ist ebenso wichtig loszulassen, wenn es möglich ist, und unseren Geist frei zu lassen – frei wie den Wind.

Wir wurden ohne Leine geboren und wir verlassen diese Welt ohne Leine. Und während wir hier sind, sollten wir unserer Seele Raum zum Atmen geben.

Lass dich manchmal von der Leine

Schüttle die Pfoten,
die dir Freude bringen

Wenn Munchie jemandem vertraut, dann ist er voll und ganz für ihn da.

Wenn er jemanden nicht mag, dann geht er ihm aus dem Weg.

Er gibt sich nicht mit Leuten ab, die ihm wehtun.

Die Vorstellung, mit einem anderen zusammenleben zu müssen, ist ihm fremd. Er leidet nicht darunter, schlechtes Karma aus vergangenen Existenzen abtragen zu müssen. Er hat nicht mit den Problemen gegenseitiger Abhängigkeit zu ringen.

Er ist seinen Freunden treu und lässt alle anderen ihre Wege gehen.

Such dir deine Freunde aus

Das Recht auf seinen eigenen Raum steht für meinen Hund außer Frage. Er kennt sein Territorium, und er verteidigt es.

In dem Augenblick, da sich ein fremdes Objekt auf Beinen oder Rädern unserem Haus nähert, wird sofort sein überaus sensibler Bellalarm ausgelöst. Tag und Nacht ist er da, um potenzielle Eindringlinge anzukündigen. Falls sie nicht weglaufen, wenn er auf sie zuläuft, beginnt er sie allerdings abzuküssen – das ist etwas, was wir noch ändern müssen!

Munchies Willenskraft ist so stark, dass er damit sogar große Hunde einschüchtert. Manchmal kommt eine Dobermann-Hündin vorbei, doch sie überlässt Munchies Sicherheitsdienst das Feld. Die Tatsache, dass er nicht größer als ein Kaninchen ist, spielt keine Rolle – er kennt seine Rechte und seine Nachbarn respektieren das.

Verteidige deine Grenzen

Wenn Munchie am Strand einen anderen Hund trifft, beschnuppern sich die beiden eine Weile.

Manchmal freunden sie sich an und spielen lange Zeit miteinander, und manchmal geht jeder einfach seines Weges.

Ich kenne eine Menge Leute, die sich nach gescheiterten Ehen eingestehen: „Ich wünschte, ich hätte ihn/sie ein bisschen länger beschnuppert, bevor ich mit ihm/ihr nach Hause ging."

Manchmal kann uns ein etwas längeres Beschnuppern am Anfang davor bewahren, eine lange Zeit mit einem wirklich schlechten Geruch leben zu müssen.

Lerne den anderen kennen, bevor du dich bindest

Wenn Munchie auf langen Spaziergängen müde wird, nehme ich ihn hoch und trage ihn eine Zeit lang. Sobald er in meinen Armen ruht, dreht er sich auf den Rücken und lässt sich ganz von mir tragen.

Dabei wehrt er nicht aus einem Gefühl von Verlegenheit oder Minderwertigkeit ab: „Das ist doch wirklich nicht nötig!" oder „Dafür werde ich morgen dich tragen!" Er liegt einfach da und genießt es vollkommen.

Munchie weiß, dass er die Liebe verdient, die ihm geschenkt wird, und er nimmt sie an.

Lass die Liebe zu

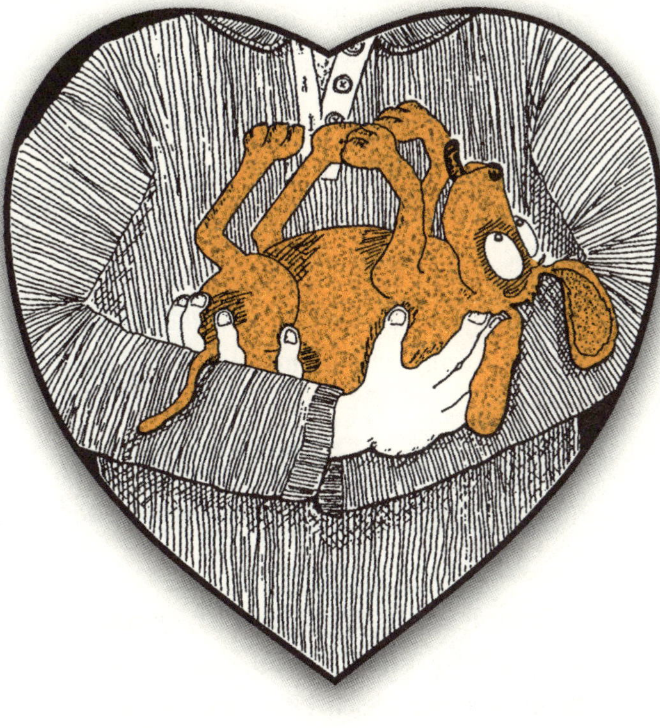

Munchie liebt es, Liebe zu verschenken. Er hält seine Liebe nicht vor anderen zurück, denn er weiß, dass er sie sonst selbst verlieren würde.

Du musst einen anderen so sehr lieben, wie du einen anderen brauchst, der dich liebt.

Menschen in Pflegeheimen, Gefängnissen und Reha-Zentren werden schneller wieder gesund, wenn sie ein Haustier zu pflegen haben.

Kümmere dich um einen Menschen, eine Pflanze oder ein Tier – und deine Trauer wird vergehen.

Genauso wie es unmöglich ist, gleichzeitig zu pfeifen und Kekse zu kauen, kannst du auch nicht gleichzeitig Liebe schenken und traurig sein.

Verschenke dein Herz

Munchie zeigt seine Zuneigung begierig, direkt und hemmungslos.

Wenn er dich mag, wird er sich auf dich stürzen und dich abküssen, bis du dich ergibst oder aufstehst.

Mein Hund liebt mich und lässt mich das wissen. Das gefällt mir.

Küsse überschwänglich

Munchies Loyalität ist ungeteilt. Ich bin sein Herr, und er ist mein Hund.

Wir haben beide eine Menge Freunde, die unseren verschiedenen Interessen und Bedürfnissen entsprechen, aber auf seiner Marke steht meine Telefonnummer, und obwohl ich keine Marke um den Hals trage, ist seine Nummer eingegraben in mein Herz.

Ich denke an ihn, wenn ich unterwegs bin, und ich sorge dafür, dass er gut versorgt wird, wenn ich nicht da bin.

Ihm hat nie eine Mahlzeit gefehlt, und mir hat nie seine Liebe gefehlt.

Sei da für andere

Grabe dort, wo
die wahren Knochen
vergraben sind

Munchie hat es nicht nötig, irgendjemanden zu beeindrucken oder sich selbst zu beweisen.

Er macht sich keine Gedanken über sein gesellschaftliches Image. Er will nur eines – glücklich sein.

Auf seinem Fell sammelt er Schlamm, Kletten und Moosbeeren.

Ich kann gewöhnlich sehen, was er zum Frühstück hatte, da die Essensreste noch eine ganze Zeit lang aus seinem Maul hängen.

Wenn ich mit ihm am Meer bin und er aus dem Wasser steigt, sieht er aus wie eine Gully-Ratte.

Dennoch denke ich, dass er jederzeit niedlich ist, und er scheint mir zuzustimmen.

Sei ganz du selbst

Munchie befasst sich mit dem, was vor ihm liegt. Er plant nicht bis zum nächsten Jahrzehnt im Voraus; er ringt nicht um die Entscheidung, ob er das neue Auto kaufen oder leasen soll. Keine einzige seiner Gehirnzellen ist damit beschäftigt, sich verschiedene PIN-Zahlen zu merken.

Das ganze Leben spielt sich genau da ab, wo er gerade ist.

Bleibe einfach

Ich kann zu Munchie einfach alles sagen, was ich will, und er wird nicht böse.

Wenn er tote Frösche gefressen hat, dann stinkt er manchmal dermaßen aus dem Maul, dass selbst ein Kamel umfallen würde.

Wenn ich ihm das sage, schaut er mich einfach an und lacht.

Er hat kein Ego. Vielleicht ist er so besser dran.

Nimm's nicht persönlich

Munchie kennt keinen Groll. Wenn du ganz im gegenwärtigen Augenblick lebst – woran müsstest du dich dann erinnern?

Manchmal trete ich ihm aus Versehen auf eine Pfote. Da jault er kurz auf und fährt zurück. Aber nach ein paar Sekunden ist er schon wieder da.

Bei Studien des kindlichen Verhaltens haben Psychologen herausgefunden, dass die normale Dauer einer Emotion fünf bis acht Sekunden beträgt. Wenn sie länger andauert, heißt das, dass wir etwas festhalten.

Das könnte Munchie ihnen erklärt haben.

Geh darüber weg

Wenn das **Munchster** und ich an einen Zaun gelangen, über den er nicht kommt, dann quetscht er sich unten durch.

In früheren Zeiten hielten die Menschen viel von Bescheidenheit. Wenn du zu aufgeblasen bist, gibt es viele Öffnungen, durch die du nicht kommst.

Wenn du flexibel bist, kannst du durch viele Öffnungen hindurch, die für einen arroganten Hund zu eng sind.

Wenn nicht oben darüber,

dann eben darunter hindurch

Wenn mir das Hundefutter ausgeht und ich eine billigere Sorte kaufe, dann weigert sich Munchie, das anzurühren, bis ich wieder die gute Qualität bekomme.

Er sitzt vor seiner Schale, schaut auf sein Futter und starrt mich dann an, als wollte er sagen: „Das kann doch nicht dein **Ernst** sein!"

Dann geht er weg. Er kennt seinen Wert und macht da keine Kompromisse.

Lass dich nicht mit
Brei abspeisen

Munchie hat kein Bankkonto, zahlt keine Hypothekenzinsen, trägt keine Kreditkarten bei sich, ist kein Krankenkassenmitglied und dreht und windet sich nicht bei der Steuererklärung.

Er bekommt jeden Tag etwas Gutes zu essen, hat ein hübsches Häuschen, wird zum Tierarzt gebracht, wenn es nötig ist, genießt die Gesellschaft vieler liebevoller Freunde und hat alles, was er zu seinem Glück braucht.

Er scheint etwas zu wissen, was ich vergessen habe.

Vertraue der Kraft

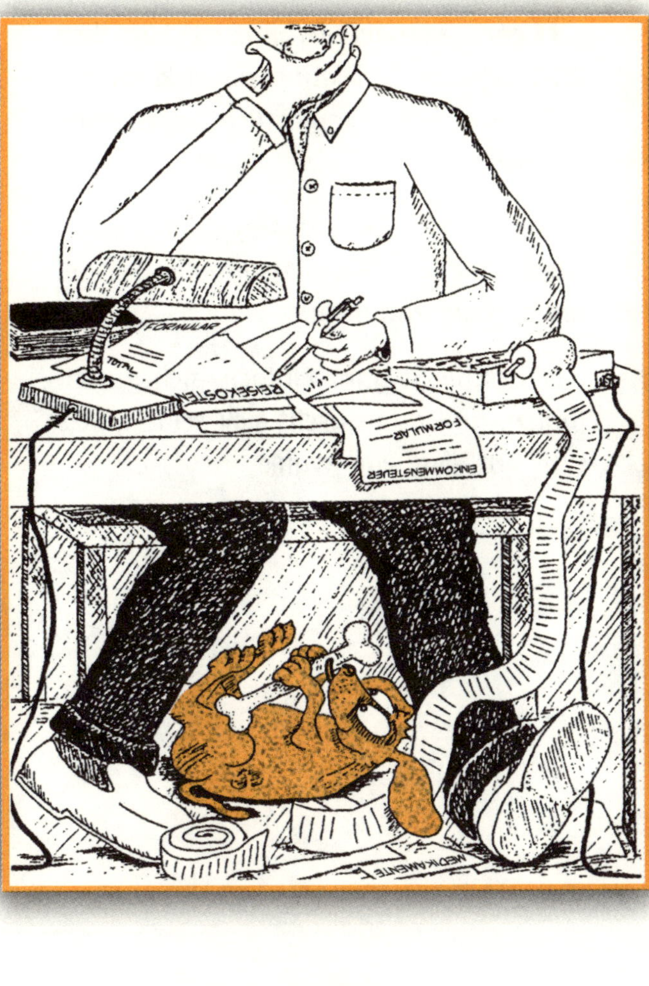

Wenn irgendetwas Äußerliches dich glücklich machen kann, dann kann der entsprechende Mangel dich unglücklich machen.

Munchie ist nicht abhängig von irgendeinem Stoff oder einer bestimmten Person, um sich gut zu fühlen.

Er beschließt ganz einfach, sich gut zu fühlen, und dann dreht sich seine ganze Welt um diese eine Wahl.

Die besten Kekse gibt's innen

Beginne mit einem
neuen Halsband

Niemand hat Munchie jemals gesagt, dass er klein ist; deshalb handelt er groß.

Wenn ich mit ihm auf dem Land spazieren gehe, jagt er Kühe und Pferde. Ich glaube, sie sind eher überrascht als erschrocken darüber, von einem kläffenden Wirbelwind getrieben zu werden. Aber er hat Erfolg. Gewöhnlich gelingt es Munchie, die Viecher wenigstens ein bisschen in Trab zu bringen, und er kehrt mit triumphierender Miene zu mir zurück.

Einmal brachte er einen Zementlaster zum Halten. Er setzte sich vor ihn und bellte, bis der Laster zum Stehen kam.

Munchie denkt groß, und also lebt er groß.

Denke groß

Was seine Motive angeht, so hat Munchie keine Probleme. Er verhält sich so, als ob sein Platz dort wäre, wo er gerade ist.

Er analysiert nicht jeden Gedanken und jede Tätigkeit, indem er sich fragt, ob seine Lust auf einen Knochen nicht von einem tief liegenden, ungelösten Ödipuskomplex verursacht sein könnte.

Ebenso liegt Munchie nachts nicht schlaflos im Bett und fragt sich, ob er existiert. Er ist da, und das ist ihm Beweis genug.

Er weiß, dass das englische Wort dog [Hund] rückwärts gelesen god [Gott] ergibt.

Er ist erleuchtet, weil er nie „(v)erdunkelt" gewesen ist.

Glaube an dich selbst

Alle paar Monate verschwindet Munchie für ein paar Tage. Einmal wollte ich ihn suchen und fand ihn in einem Haus am unteren Ende der Straße, wo er versuchte, mit einer Schäferhündin anzubändeln. Der kleine Kerl reichte nicht höher als bis zum Knie der Dame, aber das konnte ihn nicht bremsen.

Er hat es zumindest probiert.

Verwirklliche dein Potenzial

Setze dir ein Ziel, das deine Grenzen überschreitet, und singe dann das Lied dazu.

Vielleicht schaffst du es.

Wenn nicht, so hast du immerhin deinen Spaß beim Singen.

Singe den Mond an

Wenn Munchie träumt, bewegen sich seine kleinen Beine, als würde er rennen. Ich stelle mir vor, dass er davon träumt, Katzen nachzujagen. Und er ist so aufgeregt, weil seine Beine etwas machen müssen, auch wenn er schläft.

Wenn dir an der Verwirklichung deiner Träume gelegen ist, musst du etwas dafür tun, selbst während du schläfst.

Warte nicht, bis du ausgeträumt hast, denn dann könnte es zu spät sein.

Träume, aber rege dich dabei

Wenn wir spazieren gehen, steckt Munchie seine Nase gern in alle möglichen Löcher, läuft über fremde Felder und begegnet neuen Menschen.

Das Vertraute befriedigt ihn nicht.

Manchmal wird er in die Nase gestochen, aber in den meisten Fällen erweitert sich seine Welt.

Wage dich auf Neuland

Wenn Munchie und ich in einem Flussbett über Felsen steigen, kommen wir manchmal an Felsblöcke, die hundert Mal größer sind als er.

Lässt sich das Munchster dadurch aufhalten? Natürlich nicht!

Munchie tritt zurück, prüft das Gelände und sucht sich seinen Weg über eine Anzahl kleinerer Steine. In der Zeit, die ich bis auf die Spitze des großen Felsens brauche, ist auch er oben angelangt.

Er fand einen Weg, der für ihn passend war, und er tat alles, was nötig war, um ans Ziel zu kommen.

Mit allem, was notwendig ist

Munchie ist ein hartnäckiges Kerlchen.

Wenn er ein Stück Hundekuchen haben will, setzt er sich ans Tischbein des Esszimmertisches und schaut traurig, hungrig – ja sogar total ausgehungert – drein, bis ich ihn füttere.

Sein Wille ist gewöhnlich stärker als meiner.

Gib jetzt nicht auf – noch ein Versuch, und du könntest es kriegen.

Gib nicht auf

Wenn Munchie in den Sand am Strand ein Loch buddelt, so hört er nicht damit auf, bis er auf Grundgestein stößt.

Manchmal findet er einen Schatz, und manchmal auch nicht. Aber er hört erst dann auf, wenn er allen Sand aus dem Weg geräumt hat.

Während er mit Graben beschäftigt ist, könntest du ihn mit allen Milkbone-Hundekuchen der Welt nicht ablenken.

Wenn er sein Ziel erreicht hat, geht er triumphierend weg. Er hat durchgehalten bis zuletzt.

Halte durch bis zuletzt

Ganz gleich, wohin er wandert und wie lange er weg ist, Munchie kommt nach Hause zurück.

Er hat in der Welt einen Platz, der ihm gehört. Sein Körper passt auf sein Kissen, auf seiner Schale steht sein Name und sein kleines Haus hat seinen ganz eigenen Geruch.

Jeder von uns braucht ein Kissen, eine Schale und einen Geruch, die er sein Eigen nennen kann.

Komm nach Hause

Soweit ich das beurteilen kann, ist Munchie ein erleuchtetes Wesen. Er liest nicht viel, hat noch nie ein Seminar besucht und keine Probleme damit, seine Bilanz ausgeglichen zu halten. Wenn ich meine Karten richtig spiele, werde ich eines Tages vielleicht so glücklich aufwachen wie er.

Alan Cohen

Alan Cohens Geschichte ist eine Inspiration für alle, die nach einem sinnvollen Weg im Leben suchen. Seine spirituelle Odyssee begann er als junger Mann in den späten sechziger Jahren. Seine ausgedehnte Rundreise führte ihn von einem konservativen, jüdisch-orthodoxen Hintergrund zu den Lehren von Jesus und Ram Dass, zum Zen-Buddhismus, zu den Schriften C. G. Jungs und Albert Einsteins und zu dem Werk Ein Kurs in Wundern, um nur einige zu nennen.

Alan Cohens Bücher und Seminare haben Hunderttausende von Menschen, die nach mehr Lebendigkeit, Authentizität und kreativer Selbstverwirklichung gesucht haben, auf den Weg des Herzens geführt und ihrem Leben eine neue Richtung gegeben.

Alan Cohen lebt auf der Insel Maui in Hawaii, wo er mit Munchie spielt und inspirierende Retreats zu den Themen „Spirituelle Entwicklung" und „Visionäres Leben" veranstaltet.

Sollten Sie weitere Informationen über Seminare und Publikationen von Alan Cohen wünschen, so wenden Sie sich bitte an die folgende(n) Adresse(n):

ALAN COHEN PUBLICATIONS
455A KUKUNA ROAD · HAIKU, HI 96708 USA
PHONE 001(808) 572-0001 · FAX 001(808) 572-1023

Email: admin@alancohen.com
Homepage: www.alancohen.com

Alan Gordon

Alan Gordon ist freier Künstler, Karikaturist und Immobilienmakler. Mit seiner Frau Gilda lebt er in Blowing Rock in North Carolina.